Persia

The Land of Festivals & Rituals

Parinaz Zhandy & Atrin Heshmatifar

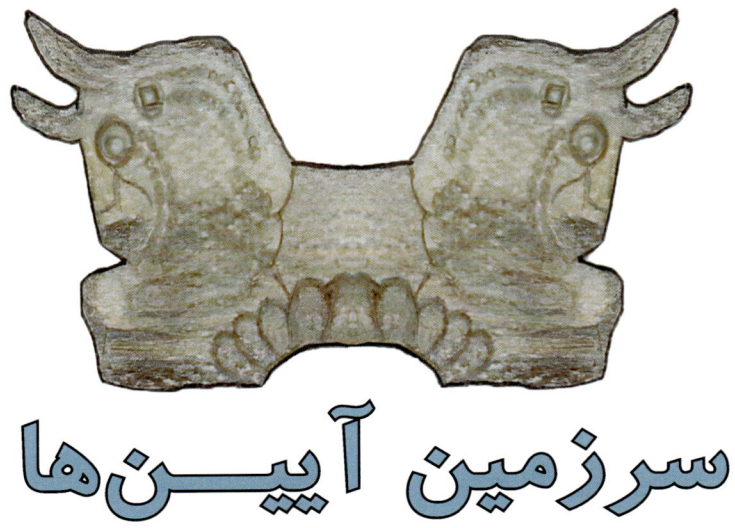

سرزمین آیین‌ها

نویسندگان
پریناز ژندی - آترین حشمتی‌فر

مترجم و تصویرگر:
آترین حشمتی‌فر

Serial Number: P2545250261
Title: Persia, The Land of Festivals & Rituals
Author: Atrin Heshmatifar, Parinaz Zhandy
Illustrators & Drawings: Atrin Heshmatifar
Translator: Atrin Heshmatifar
Editor: Parinaz Zhandy
Layout: Monika Davis
ISBN: 978-1-77892-240-4
Metadata: Cultural Celebration
Book Size: Paperback, Royal
Pages: 26
Publication Date: May 2025
Publisher: Kidsocado Publishing House

Copyright © 2025 By Kidsocado Publishing House
All Rights Reserved, including the right of reproduction in whole or in part in any form.

Kidsocado Publishing House
Vancouver, Canada

Phone: +1 (236) 333-7248
WhatsApp: +1 (236) 333-7248
Email: info@kidsocado.com
Website: https://kidsocado.com
Address: 2100-1055 West Georgia St,
Vancouver, BC V6E 3P3, Canada

I'd like to dedicate this
book to

my MOM and DAD.

I love you both so much
thank you for everything

پیشگفتار:

این کتاب، تنها پژوهشی بر صفحه‌های تاریخ نیست؛ سفری‌ست که گام به گام، که هم پای دختر نوجوانی پیموده‌ام، دختری که از نه سالگی، نخستین روز آشنایی با زبان پارسی، شاگرد من بوده است.

آترین، از همان آغاز دل به زبان شیرین پارسی باخت. او در کلاس به درس گوش نمی‌داد، بلکه با جانش می‌شنید.

من در هر هجای شیرینِ زبان مادری، مثالی از فرهنگ و تاریخ سرزمین‌مان را به او می‌آموختم و شادمانی و لذت آترین را از درک و آموختن این زبان می‌دیدم.

در گذر سال‌ها، آترین نه تنها در آموختن، بلکه در زیستن این فرهنگ پیشرو بود. در هر جشنِ فرهنگی که در آموزشگاه «بسوی آینده» برپا کرده‌ایم، آترین چون نسیمی از شادی بر صحنه است، گاه مجریِ برنامه‌ها و گاه یکی از اعضای اصلی سرود "ای ایران" و یا شخصیتی از نمایش‌های دانش‌آموزی مانند: گنجشکک اشی مشی........

هرگز آن روز را فراموش نمی‌کنم که آترین با چشمانی روشن و شاد متوجه شد که زادروزش با جشن سَده، آیین باشکوهِ آتش، هم زمان است. آن لحظه، شراره‌ای در دلش شعله کشید؛ گویی اخگری خاموش از ژرفای تاریخ دوباره در دل او برافروخته شد.

این کتاب، ثمره‌ی آن شعله است.

ما با هم نوشتیم، و با هدایت مربیان هنرمند آموزشگاه، وی این جشن‌ها را به تصویر کشید.

آنچه پیش روی شماست، تنها یک کتاب درباره‌ی آیین‌ها و جشن‌ها نیست؛ نامه‌ایست عاشقانه میان نسل امروز و میراثی که از دل خاک، باد، آتش و زمان گذشته و به ما رسیده است.

باشد که این آتش، همیشه روشن بماند، و این مهر، در دل ایرانیان، چه در خانه و چه در دوردست، جاودانه گردد.

پری‌ناز ژندی

Foreword

This book is not merely a study across the pages of history; it is a journey I have taken step by step alongside a teenage girl who has been my student in the Persian language since she was nine years old.

When Atrin first entered my classroom, she fell in love with the Persian language. In class, she did not just listen with her ears — she listened with her soul.

Through every syllable of our mother tongue, I shared with her some lessons from the culture and history of our homeland. I witnessed her joy and excitement as she absorbed and embraced this beautiful language.

Over the years, Atrin not only learned the language but also came to live and breathe its culture. In every cultural celebration we held at "Be Sooye Ayandeh" Academy, she performed on stage — sometimes hosting events, sometimes singing in the "Ey Iran" choir, and sometimes portraying characters in student plays like the tale of "The Little Sparrow Ashi-Mashi."

I will never forget the day Atrin, realized that her birthday coincided with "Sadeh", the ancient festival of fire. In that moment, a spark lit within her heart.

And this book grew from that flame.

We wrote it together, and with the guidance of the academy's artistic mentors, she illustrated the spirit of these festivals.

This is not just a book about traditions and celebrations; it is a love letter from the present generation to the heritage that has survived through Earth, Water, Wind, and Fire.

May this flame remain forever bright, and may this love endure in the hearts of Iranians, both near and far.

Parinaz Zhandy

نوروز

نوروز جشن اصلی مردم پارسی زبان در سراسر جهان است که با اولین روز بهار آغاز می‌شود و دوازده روز ادامه دارد.

در شاهنامه فردوسی، چنین آمده است که جمشید شاه در اولین روز بهار (اول فروردین) به سلطنت رسید. چون آن روز همواره با تازه شدن طبیعت، روییدن گل‌ها و آواز پرنده‌ها همراه بود، مردم آن را «روز نو» یا نوروز نامیدند تا هم سال نو را جشن بگیرند و هم یادِ بر تخت نشستن جمشید پادشاه محبوب شان را زنده نگه دارند.

Nowruz

Nowruz is the principal celebration of Persian-speaking people around the world, beginning on the first day of spring and lasting for twelve days.

According to Ferdowsi's Shahnameh, King Jamshid ascended the throne on the first day of spring (the first of Farvardin). Because this day coincided with the blossoming of flowers, the renewal of nature, and the cheerful songs of birds, people named it Nowruz, meaning "New Day." They celebrated it both as the beginning of the new year and as a tribute to their beloved king, Jamshid.

نوروز

از گذشته‌های دور تا کنون هنگام عید نوروز، پیش از آنکه سال نو شود تمامی پارسی زبانان سفره‌ای زیبا به نام هفت‌سین در خانه‌های خود بر پا می‌کنند.

روی این سفره، هفت نماد بهاریست که با حرف «س» شروع می‌شود:

سبزه، سمنو، سیر، سماق، سرکه، سنجد و سنبل.

علاوه بر آن، بر روی سفره‌ی هفت‌سین آیینه، سیب، شمع روشن، ماهی قرمز در ظرف بلور و کتابی مانند شاهنامه یا دیوان حافظ نیز می‌گذارند.

نوروز برای ما فقط یک جشن نیست. نوروز پیام دوستی، صلح، و عشق از مردمانی است که در فرهنگ و تمدنی اصیل ریشه دارند و آیین نیاکان‌شان را با برپای جشن نوروز پاس می‌دارند.

Nowruz

Since ancient times, during Nowruz and before the arrival of the new year, all Persian-speaking people set up a beautiful table in their homes called Haft-Seen.

On this table there are seven symbolic items of spring, each beginning with the Persian letter "S": Sabzeh (sprouted greens), Samanu (sweet wheat pudding), Seer (garlic), Somāq (sumac), Serkeh (vinegar), Senjed (oleaster), and Sonbol (hyacinth).

In addition to these, a mirror, lit candles, a goldfish in a glass bowl, and a book such as the Shāhnameh or the Divan of Hāfez are also placed on the Haft-Seen table.

Nowruz is more than just a celebration for us. It is a message of friendship, peace, and love from a people rooted in an ancient culture and civilization, who honor their ancestors by celebrating this meaningful tradition.

سیزده بدر

سیزده‌بدر؛ بدرقه‌ی نوروز در آغوشِ طبیعت:

پس از دوازده روز جشن و شادی روز سیزدهم فروردین، پارسی زبانان در هر گوشه از جهان، به دامان طبیعت می‌روند تا تمام روز طراوت بهار را نفس بکشند و شادی خویش را با زمین قسمت کنند.

یکی از آیین‌های زیبای سیزده‌بدر: گره‌زدنِ سبزه است، همه آرزوی بهروزی و رویایی در دل دارند سبزه‌های هفت‌سین خود را به امید بر آورده‌شدن آرزوهایشان گره می‌زنند و با رها کردن سبزه در آب، آرزویشان را به جریان زندگی می‌سپارند؛ سیزده‌بدر، جشنی است برای یادآوری پیوند همیشگی ما با خاک، با آب، با باد... با خانه‌ی نخستین‌مان: زمین

Sizdah Bedar

Sizdah Bedar: Farewell to Nowruz in the Embrace of Nature

After twelve days of joy and celebration, on the thirteenth day of Farvardin, Persian-speaking people across the world step into nature, to breathe in the freshness of spring and to share their happiness with the earth.

One of the most beloved traditions of Sizdah Bedar is "tying the Sabzeh". With hearts full of hope, people tie knots in their Nowruz sprouts, whispering their wishes into each fold. By setting the Sabzeh adrift in flowing water, they release their dreams into the current of life.

Sizdah Bedar is a festival that reminds us of our eternal bond with the earth, water and wind...

Tirgan

Tirgān: The Festival of Rain and Wishes

Tirgān is one of the ancient Iranian celebrations, held each year on the 13th of Tir (early July). On this day, people honor water and rain, the most life-giving blessings of nature.

In ancient times, Iranians would craft colorful wish bracelets, whisper their hopes into them, and after seven days, release the bracelets to the wind, believing their wishes would come true.

To this day, in many cities across Iran, children and youth celebrate Tirgān with water games and laughter, filling the air with joy and excitement. Tirgān also honors Arash the Archer, a legendary hero who shot an arrow with all his might to define Iran' s borders, sacrificing himself to bring hope and freedom to his people.

تیـــرگان

تیرگان یکی از جشن‌های قدیمی ایرانی است و هر سال در روز سیزدهم تیرماه برگزار می‌شود. در این روز، مردم برای گرامیداشت آب و باران که زندگی بخش‌ترین نعمت طبیعت است جشن می‌گیرند.

ایرانیان باستان همه با هم دست‌بندهای رنگی درست می‌کردند، آرزوهای خود را به دست بندهایشان می‌گفتند و بعد از هفت روز، دست‌بند را به باد می‌سپاردند تا آرزوها برآورده شود.

هنوز هم در جشن تیرگان در بسیاری از شهرهای ایران کودکان و نوجوانان با آب‌بازی می‌کنند، می‌خندند و صدای شادی‌شان همگان را خوشحال می‌کنند تیرگان، یادآور آرش قهرمان هم هست. داستان آرش، داستان کماندار وطن دوستی است که برای حفظ مرزهای ایران با تمام وجود تیری از کمانش رها کرد و برای مردم آزادی و امید آورد.

Mehregan

Mehregān, The Persian festival of gratitude and thankfulness. It takes place at the start of autumn, when the leaves turn golden and colorful, and the earth overflows with fruits and harvest.

According to the stories of the Shāhnameh, on this very day, the brave king Fereydoun, with the help of the people, defeated Zahhak, a symbol of darkness and evil.

The land rejoiced, and people came together in joy and celebration. Mehregān is a reminder to give thanks for the blessings in our lives, and to greet the beauty of fall with open hearts.

مِهـــرِگان

مهرگان، جشن شکرگزاری ایرانی‌ست.
این جشن در آغاز فصل پاییز فصلی که برگ‌ها رنگارنگ می‌شوند و زمین پر از میوه‌های متنوع، برگزار می‌شود.
در داستان‌های شاهنامه آمده است که در این روز، فریدون پادشاه شجاع، ایران زمین با کمک مردم، ضحاک که نماد بدی و تاریکی بود را شکست داد و مردمان به جشن و سرور پرداختند.
مهرگان تعریف سپاسگزاری از نعمت‌های زندگی و سلام به زیبایی‌های پاییز است.

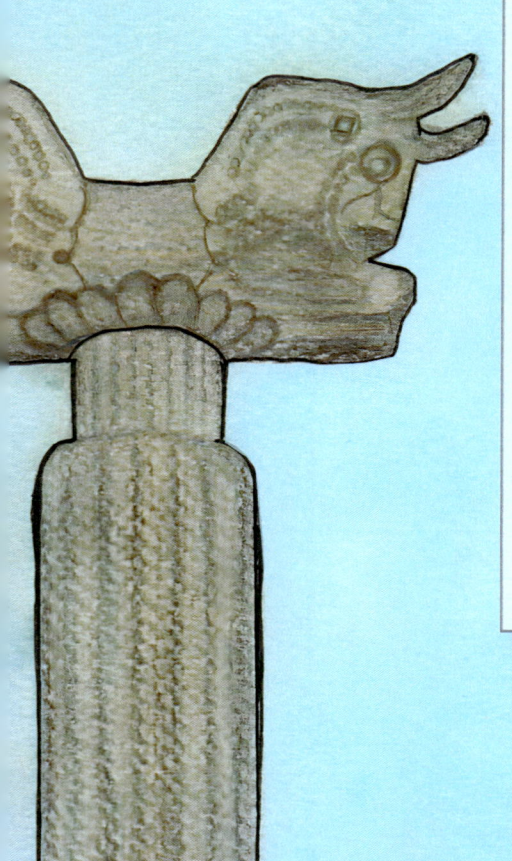

سَده

سَده جشن آتش است؛ جشنی برای گرما و نور در دل زمستان سرد.

صد شب مانده به بهار، ایرانیان باستان با شادی برای آمدن روشنایی جشن می‌گرفتند. این جشن از زمان هوشنگ‌شاه نسل به نسل به ما رسیده است. ایرانیان با شادی شاخه و چوب جمع می‌کردند، روی هم می‌گذاشتند و آتش روشن می‌کردند.

شعله‌های آتش بالا می‌رفت، می‌درخشید و می‌رقصید، بچه‌ها با خنده دورش می‌چرخیدند، و بزرگ‌ترها آرام می‌گفتند: «روشنایی خواهد آمد...»

امروز هم، در بعضی شهرهای ایران، آتش سده روشن می‌شود تا یادمان بماند که نور و مهربانی از تاریکی قوی‌تر است.

Sadeh

Sadeh is a festival of fire, a celebration of warmth and light in the heart of winter.

A hundred nights before spring, ancient Iranians would gather joyfully, welcoming the return of brightness.

They collected twigs and branches, stacked firewood high, and lit great bonfires.

The flames would rise, sparkle, and dance.

Children would laugh and circle around the fire, While the elders softly whispered:

"Light will come..."

Even today, in some cities of Iran, the Sadeh fire is still kindled, reminding us that light and kindness are stronger than darkness.

Sepandarmazgan

Sepandarmazgān, An Ancient Persian Celebration of Love and Gratitude, a day to honor women and the earth, both seen as mothers of nature. It's a celebration of love, appreciation, and kindness.

This festival was held in winter, on the 5th day of Esfand, around the same time as Valentine's Day. On this day, Iranians expressed gratitude to girls, women, and mothers.

Girls were encouraged to tell the man they cared about how much he meant to them, and women were treated like queens at home, everyone listened to their words with love and respect. Men would offer flowers and gifts to their wives or loved ones, saying: "Thank you for being by my side. You mean the world to me."

Through this beautiful tradition, children learned that to love, to be kind, and to express affection is the most meaningful part of life.

سِپَندارمَزگان

سپندارمزگان، جشن قدیمی ایرانی‌هاست. جشنی برای گرامیداشت زن و زمین که هر دو مادر طبیعت محسوب می‌شوند. جشن دوست داشتن، تشکر کردن و مهربان بودن. این جشن، در زمستان و در روز پنجم اسفند ماه، در محدوده زمانی جشن ولنتاین، برگزار می‌شد.

در این روز، ایرانیان از دختران، بانوان و مادران سپاسگزاری می‌کردند. در این روز خاص دخترها می‌توانستند به مردی که دوستش دارند بگویند که چقدر برایشان مهم است و با زن‌ها در خانه مانند یک ملکه رفتار می‌شد، همه به فرامین آنان گوش می‌دادند. مردها با گل و هدیه به همسرشان یا کسی که دوستش داشتند، می‌گفتند:

«ممنون که کنار من هستی، تو برای من خیلی عزیزی!»

با این آیین زیبا کودکان یاد می‌گرفتند که مهربان بودن، دوست داشتن و ابراز عشق، قشنگ‌ترین جلوه‌ی زندگی است.

دیوان
حافظ

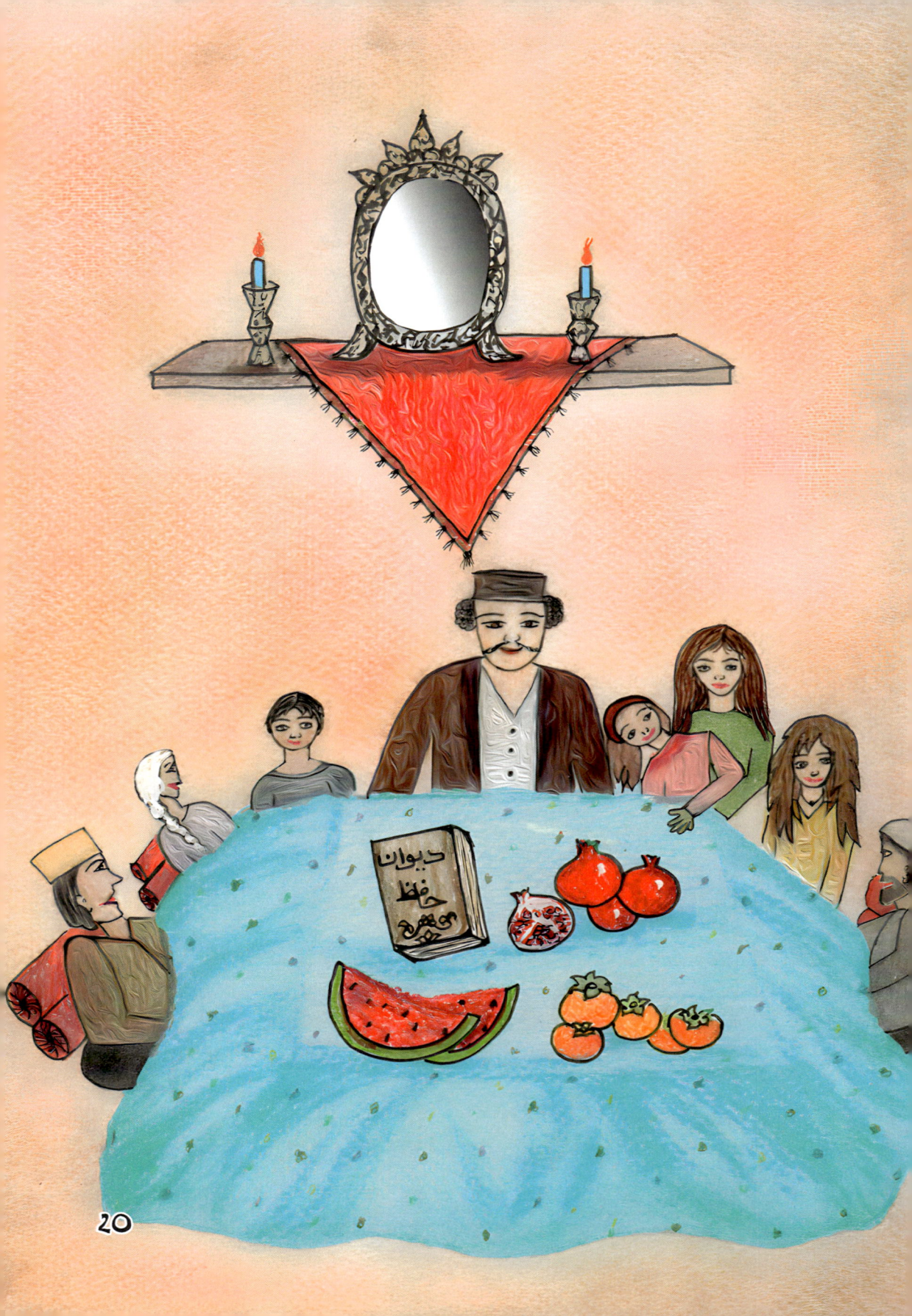

Yalda

Yalda: The longest night of the year, a night when autumn takes its final steps off the earth, and winter gently arrives.

Among Persian-speaking families, this night is a time of joyful gathering. Stories are told, verses of Hafez are recited, Pomegranate seeds, and watermelon slices are served.

Just as Christmas in other lands celebrates the birth of light, love, and kindness, Yalda reminds Iranians of joy, warmth, and poetry.

Both festivals bloom in the heart of winter, nurtured by the warmth of togetherness.

They are bridges of kindness, connecting people to their roots, and linking today with yesterday.

یلدا

یلدا، بلندترین شب سال است؛ شبی که پاییز قدم‌های آخرش را از روی زمین برمی‌دارد و زمستان آهسته وارد می‌شود.

در این شبِ طولانی، در میان خانواده‌های پارسی زبان جشنی بر پاست. خانواده‌ها گرد هم می‌آیند؛ قصه‌ها گفته می‌شود، شعر حافظ خوانده می‌شود، انار دانه‌دانه می‌درخشد و هندوانه چون خورشیدی پنهان، لبخند می‌زند.

همان‌گونه که کریسمس در سرزمین‌های دیگر، جشن میلاد نور، عشق و مهربانی‌ست، یلدا نیز در میان ایرانیان یادآور شادی، صمیمیت و ترانه است.

هر دو جشن، در دل سرمای زمستان است و با گرمای با هم بودن انسان‌ها؛ پُلِ مهربانی‌ست میانِ آدمیان و ریشه‌هایشان، میانِ امروز و دیروز.

چهارشنبه سوری

چهارشنبه‌سوری: شادترین جشن ایرانی است. مردم در شبِ آخرین چهارشنبه‌ی سال،آتشی برپا می‌کنند و با پریدن از روی بوته‌های آتش، زمزمه می‌کنند:

«زردیِ من از تو، سرخیِ تو از من»

یعنی درد و خستگی‌مان را به آتش می‌سپاریم و سرزندگی‌اش را هدیه می‌گیریم. علاوه بر پریدن از روی آتش، همه با آجیل چهارشنبه‌سوری، قاشق‌زنی و فالگوش ایستادن، خنده و شادی و رقص‌های دسته جمعی جشن می‌گیرند.

این جشن در هر گوشه‌ی دنیا این پیام را دارد که تا همیشه فرهنگ‌مان را حفظ خواهیم کرد و برای کوکان و نوجوانانمان فرصتی است که آیین ما را زنده نگه‌دارند.

Chaharshanbe Suri

Chāhārshanbe Suri is one of the most joyful Iranian festivals. On the eve of the last Wednesday of the year, people light bonfires and leap over the flames while chanting:
"Take away my paleness, give me your redness."
It's a symbolic way of giving their pain and fatigue to the fire and receiving its energy and vitality in return.
Beyond jumping over the fire, people celebrate with nuts, spoon-banging (ghāshogh-zani), fortune-listening (fāl-gush), dancing, laughter, and joyful gatherings. No matter where in the world it is held, this celebration carries the same message: We will always preserve our culture. And for our children and youth, it is a chance to keep these traditions alive.

آترین حشمتی‌فر

آترین در نخستین سال زندگی، به همراه خانواده‌اش، زادگاهش ایران را به مقصد کانادا ترک کرد. او از نُه‌سالگی، با حضور در آموزشگاه «بسوی آینده»، پیوندی دوباره و عاشقانه با فرهنگ و ریشه‌های ایرانی خویش یافت. علاقه‌ای ژرف، او را به سوی اجرای برنامه‌های فرهنگی رهنون ساخت.

آترین دوره‌ی ابتدایی تحصیل خود را با افتخار به عنوان دانش آموز ممتاز (Valedictorian) به پایان رساند و هم‌اکنون دانش‌آموز کلاس نهم دبیرستان است.

او دلبسته‌ی نقاشی، سفر و نویسندگی است. زیست‌شناسی درس مورد علاقه‌ی اوست و والیبال را به شکل حرفه‌ای دنبال می‌کند. پیانو نیز می‌نوازد. رویای آترین، سفر به کشورهای مختلف و آشنایی با فرهنگ‌های گوناگون است. او امیدوار است روزی داستان‌هایی بنویسد که الهام‌گرفته از این تجربه‌ها باشند.

کتابی که پیش روی شماست، نخستین اثر اوست؛آفرینشی سرشار از عشق، اشتیاق، و پیوندی عمیق با فرهنگ ایرانی، و جلوه هایی از هر دست‌های او که با نقاشی های این کتاب نمایان شده است.

Atrin Heshmatifar:

Atrin immigrated to Canada from Iran with her family when she was just one year old. At the age of nine, she began attending the "Towards the Future" academy, where she developed a deep interest in Iranian culture and heritage—an interest that soon led her to hosting and presenting at Iranian cultural events.

Atrin completed elementary school as her school's Valedictorian and is currently a ninth-grade high school student. She is passionate about painting, traveling, and writing. Her favorite subject is biology, and Atrin hopes to pursues volleyball at a professional level. Atrin dreams of traveling the world and discovering new cultures. She hopes to one day write stories inspired by her global experiences.

This book is her very first work—created with love, enthusiasm, and a heartfelt connection to Iranian culture, featuring her own original illustrations.

پری‌ناز ژندی

پری‌ناز ژندی، آموزگاری خلاق و پرتلاش در سپهر فرهنگ و زبان پارسی است؛ فرزانه‌ای اندیشمند که سال‌هاست در دوردست‌های مهاجرت، چراغ زبان مادری را با جان و دل روشن نگاه داشته و با گام‌هایی استوار، راه اعتلای فرهنگ ایران زمین را در دیار بیگانه هموار کرده است. پری‌ناز ژندی، شاعر، نویسنده و کنشگری اجتماعی نیز هست؛ انسانی متعهد که در مجامع بین‌المللی در جهت پاسداشت زبان پارسی و حمایت از زنان ایرانی نقش‌آفرینی کرده است. در مقام کارشناس زبان و ادبیات فارسی، رسالت خود را گسترش مرزهای زبان مادری در پهنه‌ی جهانی می‌داند.

از دیگر افتخارات پری‌ناز ژندی، تألیف نخستین کتاب دوزبانه‌ی آموزش الفبای فارسی برای کودکان با بهره‌گیری از زبان انگلیسی‌ست. این اثر پرفروش، به همت انتشارات «کیدزوکادو» و با همراهی ستاره ستایش منتشر شده و در آمازون با استقبال گسترده روبه‌رو شده است.

او نه تنها آموزگار زبان، که پیام‌آور عشق به فرهنگ، شعر، و هویت ایرانی‌ست. روشنایی‌بخشی که واژه‌ها را چراغ راه کرده است تا فرزندان دیروز و امروز، از هر کجای جهان، ردّی از ایران را در دل خویش به یادگار داشته باشند.

Parinaz Zhandy:

Parinaz Zhandy is a creative and dedicated educator in the sphere of Persian language and culture, an insightful and wise figure, who, for many years, has kept the flame of the mother tongue alight with heart and soul, paving the path of cultural elevation for Iran in foreign lands. She is the founder of the cultural-literary center "Be Sooye Ayandeh" in Vancouver, Canada. Her teaching method is a unique blend of literary knowledge and artistic vision, deeply rooted in the authentic Iranian cultural heritage. Parinaz Zhandy is also a poet, writer, and social activist, a committed human being who has advocated for the preservation of the Persian language and the rights of Iranian women in international forums. As a Persian language and literature expert, she sees her mission as expanding the frontiers of the mother tongue across the globe.

Among her proudest achievements is the authorship of the first bilingual Persian alphabet book for children using English as a supportive medium. This bestselling work, published by Kidsocado Publishing House in collaboration with Setareh Setayesh, has been warmly received on Amazon. She is not just a language teacher, but a messenger of love for culture, poetry, and Iranian identity, a beacon of light who has turned words into guiding lanterns, so that children of yesterday and today, from any corner of the world, may carry a trace of Iran in their hearts.

هانیه‌تام:

در مسیر آشنایی کودکان و نوجوانان با آیین‌ها و جشن‌های ایرانی، هنر نقاشی پلی است میان فرهنگ و خیال. مشاهدات و تصوری که نسل جدید پارسی‌زبان از آیین‌ها و جشن‌های کهن دارد، با حضور مربیان آگاه، روشن‌تر و زنده‌تر در ذهن و جان‌شان شکوفه می‌زند. چنین مربیانی، با دانشی ژرف و دلی پر از مهر، به کودکان می‌آموزند که رمز و راز این آیین چه بوده. چگونه رنگ‌ها را می‌توان بر بوم‌های سپید جاری کرد تا نقشی بیادگار از آیین نیاکانشان بر صفحه روزگار بماند.

مربی نقاشی آترین عزیز، هانیه تام هنرمندی است بی‌مانند که با نقش و رنگ و انحنای هر خط، شعله‌ی یک جشن، آواز یک آیین، یا شکوه یک خاطره‌ی ایرانی را برای هنرجوی خود زنده می‌دارد. در کلاس، نه تنها طراحی، اصول آناتومی بدن و زیبایی‌شناسی را به نرمی به هنرجوی خود آموزش می‌دهد، بلکه هر نقاشی را بدل به داستانی می‌کند که از ریشه‌ها و رویاهای یک ملت بر می‌خیزد.

Hanieh Tam

In introducing children and adolescents to Iranian rituals and celebrations, the art of painting serves as a bridge between culture and imagination. The observations and perceptions that the new Persian-speaking generation forms about ancient traditions blossom more vividly and brightly in their minds and hearts with the guidance of knowledgeable instructors.

Such mentors, with deep understanding and hearts full of love, teach children the mysteries behind these ancient ceremonies, and how colors can be poured onto blank canvases to create lasting images of their ancestors' traditions.

Atrin's painting instructor, Hanieh Tam, is an unparalleled artist who, through every line, curve, and hue, brings to life the flame of a festival, the song of a ritual, or the grandeur of an Iranian memory for her students. In her classes, she not only gently teaches the principles of drawing, body anatomy, and aesthetics, but also transforms each painting into a story rising from the roots and dreams of a nation.

Order the book from anywhere in the world

www.ingramcontent.com/pod-product-compliance
Lightning Source LLC
Chambersburg PA
CBRC091203070526
44583CB00009B/189

9781778922404